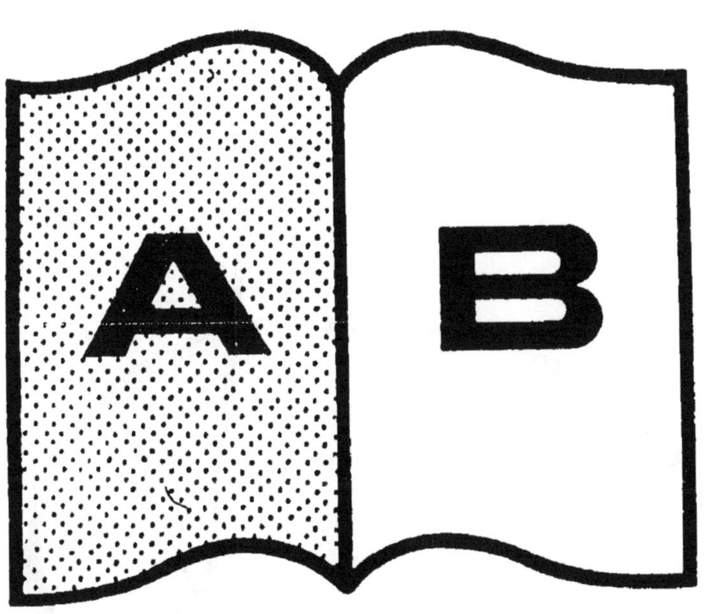
A
B

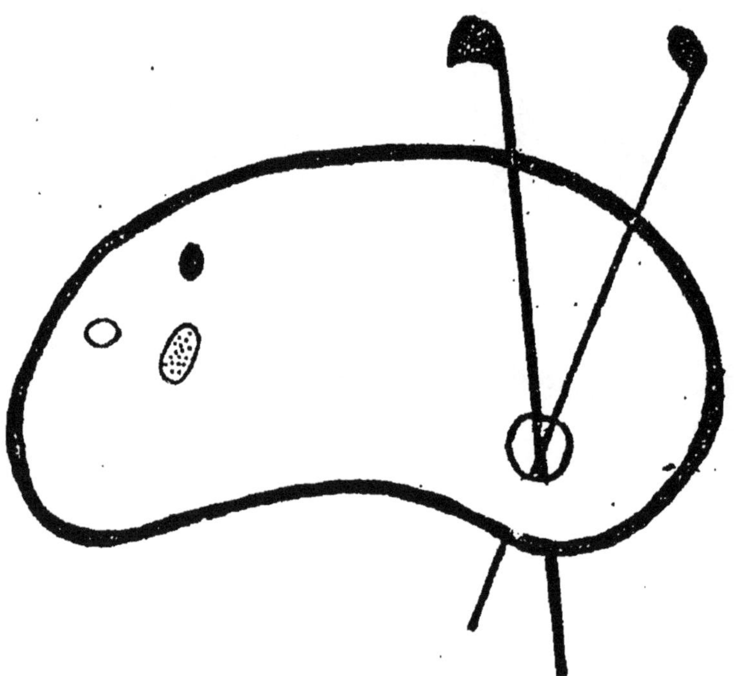

DEBUT D'UNE SERIE DE DOCUMENTS
EN COULEUR

COLLECTION

DE

123 Palettes

D'ARTISTES

Peintes

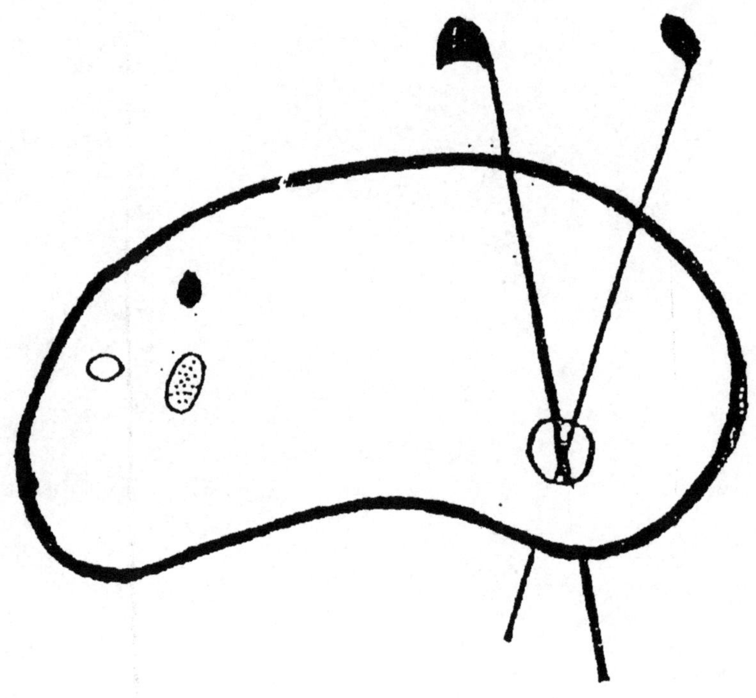

FIN D'UNE SERIE DE DOCUMENTS
EN COULEUR

COLLECTION

DE

123 PALETTES D'ARTISTES

PEINTES

CONDITIONS DE LA VENTE

Elle sera faite au comptant.

Les adjudicataires paieront *dix pour cent* en sus des enchères.

Paris. — Imp. Georges Petit. — [illegible]

CATALOGUE

DE

123 Palettes d'Artistes

PEINTES

PAR

ABBÉMA (LOUISE), BAIL (J.), BENJAMIN-CONSTANT
BERNE-BELLECOUR, BONNAT, BONHEUR (ROSA), BONVIN, BOUDIN
BOUGUEREAU, BOULANGER, BROWN (J.-L.), CHAPLIN
COROT, COURBET, DAUBIGNY, DAUMIER, DELACROIX, DETAILLE (ÉD.), DIAZ (N.)
DIDIER-POUGET, DUPRÉ (J.), FLAMENG
FANTIN-LATOUR, FRANÇAIS, FROMENTIN, GÉRÔME, GERVEX
HARPIGNIES, HÉBERT, HEILBUTH, HENNER, INGRES
ISABEY, ISRAEL (J.), JACQUE, JONGKIND, LAURENS (J.-P.), LEFEBVRE (J.),
LELOIR (M. ET L.), LEMAIRE (MADELEINE), LHERMITTE
NEUVILLE (DE), PENNE (O. DE), PISSARRO, PUVIS DE CHAVANNES, RICARD
ROUSSEAU (TH.), ROYBET, STEVENS, THAULOW, VEYRASSAT
VIBERT, VOLLON, WILLETTE, ZIEM, ETC., ETC.

DONT LA VENTE AUX ENCHÈRES PUBLIQUES AURA LIEU A PARIS

GALERIE GEORGES PETIT

8, RUE DE SÈZE, 8

Le Samedi 10 Juin 1911

à deux heures

COMMISSAIRE-PRISEUR	EXPERT
Me F. LAIR-DUBREUIL	**M. GEORGES PETIT**
6, rue Favart, 6	8, rue de Sèze, 8

EXPOSITION PUBLIQUE

PARTICULIÈRE : *Le Jeudi 8 Juin 1911, de 1 h. 1/2 à 6 heures.*
PUBLIQUE : *Le Vendredi 9 Juin 1911, de 1 h. 1/2 à 6 heures.*

PRÉFACE

Si, de hasard, quelqu'un avait encore un doute sur l'intérêt que peut présenter une palette d'artiste — j'entends un artiste vrai. un de ceux dont l'effort d'art fut vraiment créateur, — je lui mettrais sous les yeux cette page admirable que Diderot adressait à Grimm :

« Mon ami, écrivait-il, transportez-vous dans un atelier; regardez travailler l'artiste. Si vous le voyez arranger bien symétriquement ses teintes et ses demi-teintes tout autour de sa palette, et si un quart d'heure de travail n'a pas confondu tout cet ordre, prononcez hardiment que cet artiste est froid et qu'il ne fera rien qui vaille... Celui qui a le sentiment vif de la couleur a les yeux attachés sur sa toile; sa bouche est entr'ouverte, il halète; sa palette est l'image du chaos. C'est dans ce chaos qu'il trempe son pinceau: et il en tire l'œuvre de la création, et les oiseaux et les nuances dont leur plumage est teint, et les fleurs et leur velouté, et les arbres et leurs différentes verdures, et l'azur du ciel, et la vapeur des eaux qui les ternit, et les animaux, et les longs poils, et les taches variées de leur peau, et le feu dont leurs yeux étincellent... Et vous allez voir naître la chair, le drap, le velours, le damas, le taffetas, la mousseline, la toile, le gros linge, l'étoffe grossière ; vous verrez la poire jaune et mûre tomber de l'arbre, et le raisin vert attaché au cep. »

* * *

Ainsi, la cause est entendue : la palette est indicatrice du génie, de la fièvre, ou seulement de la méthode, du tempérament, en un mot, de celui qui s'en sert. Il y a même cette remarque à noter que les palettes d'un même peintre ne sont pas identiques entre elles : elles sont modifiées, à mesure que la carrière du peintre évolue, et là encore, la palette, en même temps qu'un renseignement, nous fournit un précieux enseignement.

En veut-on un exemple ? Comparons entre elles quelques palettes de Delacroix. Au sortir de l'atelier de Guérin, sa palette est peu chargée : on y relève, en allant de droite à gauche : blanc, jaune de Naples, ocre jaune, jaune Mars, ocre de ru, laque jaune, rouge de Venise, brun rouge, terre de Sienne brûlée, terre de Cassel, bleu de Prusse, noir de pêche, terre de Sienne naturelle, terre d'ambre naturelle, brun Van Dyck, jaune indien, outremer, brun mars, laque rouge. (Ce sont là les appellations dont Delacroix se sert dans son journal.)

En 1824, au moment où il peignait le *Massacre de Scio*, il débutait à droite par la garance, changeait l'ordre de plusieurs tons, supprimait la laque jaune et ajoutait la laque rouge, le cobalt, le vert émeraude et la laque brûlée.

Trente ans plus tard, en 1854, tandis qu'il exécutait les peintures admirables du Salon de la Paix, qui furent détruites dans l'incendie de l'Hôtel de Ville, en 1871, sa palette s'était fortement chargée.

Il y avait d'abord les couleurs primitives : blanc, jaune de Naples, jaune de zinc, ocre jaune, ocre de ru, vermillon, rouge de Venise, cobalt, vert émeraude, laque brûlée, Sienne naturelle, Sienne brûlée, terre de Cassel, noir de pêche, terre d'ambre naturelle, bleu de Prusse, momie, brun de Florence, laque rouge de Rome, laque jaune de Gaude, jaune indien ; puis, tout le chapelet des couleurs composées : terre de Cassel et blanc, terre d'ambre naturelle et blanc, cobalt rouge et blanc, cadmium et blanc, jaune de Naples et blanc, vermillon et blanc, jaune de zinc et vert émeraude, etc., etc.

Par conséquent, en examinant une palette d'artiste, même si le travail a fait des couleurs bien alignées le chaos dont parle Diderot, et où le vulgaire ne saurait se reconnaître, on peut, sans grand effort d'imagination, et grâce à cette palette, qui devient instrument d'information, — un critique s'érigeant en juge dirait : pièce à conviction, — évoquer l'art et même le génie de l'artiste.

* * *

Les curieux qui visiteront avant la vente l'exposition des palettes plus loin désignées, seront certainement de mon avis. Ils auront d'ailleurs de très agréables surprises, car, dans beaucoup de ces palettes, les peintres ont facilité l'évocation par la réalisation d'un petit sujet dans leur manière la plus habituelle. C'est dire, qu'en même temps que les palettes, on montre une véritable collection de petits et délicieux tableaux qui semblent jaillir du chaos de la matière, comme le diamant, en travail ébauché, jaillit de la gangue.

Cette collection de palettes, qui fut commencée il y a plus d'un demi-siècle, est donc fort intéressante, fort précieuse, et, si je ne craignais d'en diminuer la portée, je dirais : fort amusante. Et je serais surpris que la dispersion qui va en être faite ne donnât pas lieu à des enchères brillantes : il y a là un ensemble qu'on ne refera peut-être plus ; il y a là des reliques qui ne se retrouveront jamais.

L. ROGER-MILÈS.

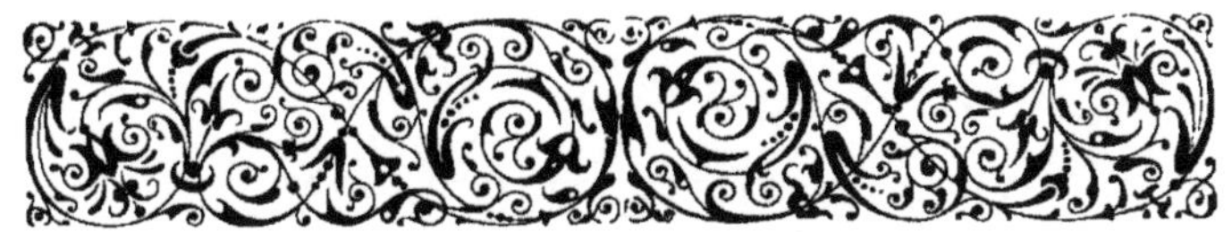

DÉSIGNATION

ABBÉMA (Louise)

1 — *Profil de jeune femme couronnée de fleurs.*

Signé à droite, en bas.

Palette. Haut., 49 cent.; larg., 36 cent. 1/2.

BAIL (Joseph)

2 — *Une dentellière.*

Signé à droite, vers le milieu : *Bail Joseph.*

Palette. Haut., 26 cent.; larg. 37 cent.

BARON

3 — *Jeunes femmes et enfant.*

Palette. Haut., 29 cent.; larg., 39 cent.

BEAUMONT (De)

4 — *Nymphe nue peignant.*

Signé à gauche, en bas : *De Beaumont.*

Palette. Haut., 24 cent.; larg., 31 cent. 1/2.

BENJAMIN-CONSTANT

5 — Palette de l'artiste.

Signé à gauche, en bas : *Benj. Constant, 1885.*

Palette. Haut., 40 cent. ; larg., 66 cent.

BERCHÈRE

6 — *Un chamelier et sa monture.*

Signé à gauche, de travers : *N. Berchère.*

Palette. Haut., 34 cent. ; larg., 45 cent. 1 2.

BERNE-BELLECOUR

7 — *Soldat couché sur le sol et guettant.*

Signé à droite, en bas : *Berne-Bellecour, 1873.*

Palette. Haut., 30 cent. ; larg., 45 cent.

BERNE-BELLECOUR

8 — *Profil de dragon.*

Signé à droite, en haut : *E. Berne-Bellecour, 1892.*

Palette. Haut., 31 cent. ; larg., 42 cent.

BERNIER

9 — *Une charrue.*

Signé à droite, en bas : *Bernier.*

Palette. Haut., 25 cent. ; larg., 38 cent.

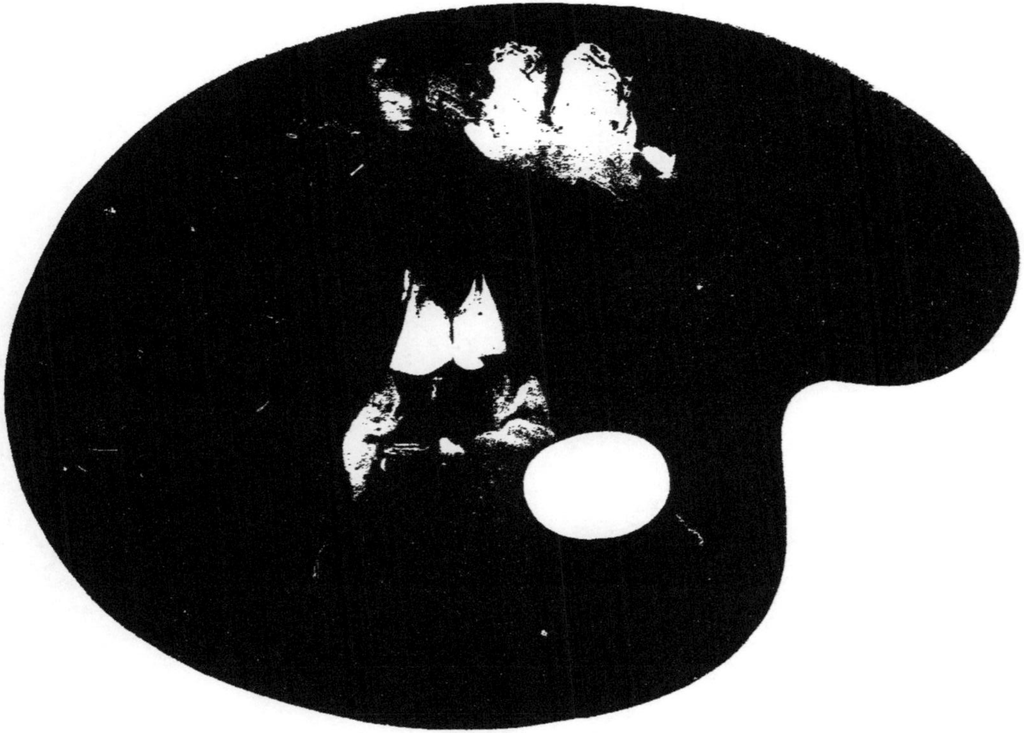

N° 14. — BONVIN. *Une religieuse assise et tenant son bréviaire à la main.*

BLOCH (Alex.)

10 — *La Défense du drapeau.*

Signé en bas : *A. Bloch.*

Palette. Haut., 34 cent.; larg., 45 cent.

BOMPARD (Maurice)

11 — Palette de l'artiste.

Signé à gauche, en bas : *Maurice Bompard, 1908.*

Palette. Haut., 33 cent.; larg., 45 cent.

BONNAT

12 — Palette de l'artiste.

Signé à droite : *L.-N. Bonnat.*

Palette. Haut., 30 cent.; larg., 43 cent.

BONHEUR (Rosa)

13 — *Une tête de renard.*

Signé au milieu : *R. Bonheur.*

Palette. Haut., 24 cent. 1/2; larg., 34 cent. 1/2.

BONVIN

14 — *Une religieuse assise et tenant son bréviaire à la main.*

Palette. Haut., 21 cent. 1/2; larg., 31 cent.

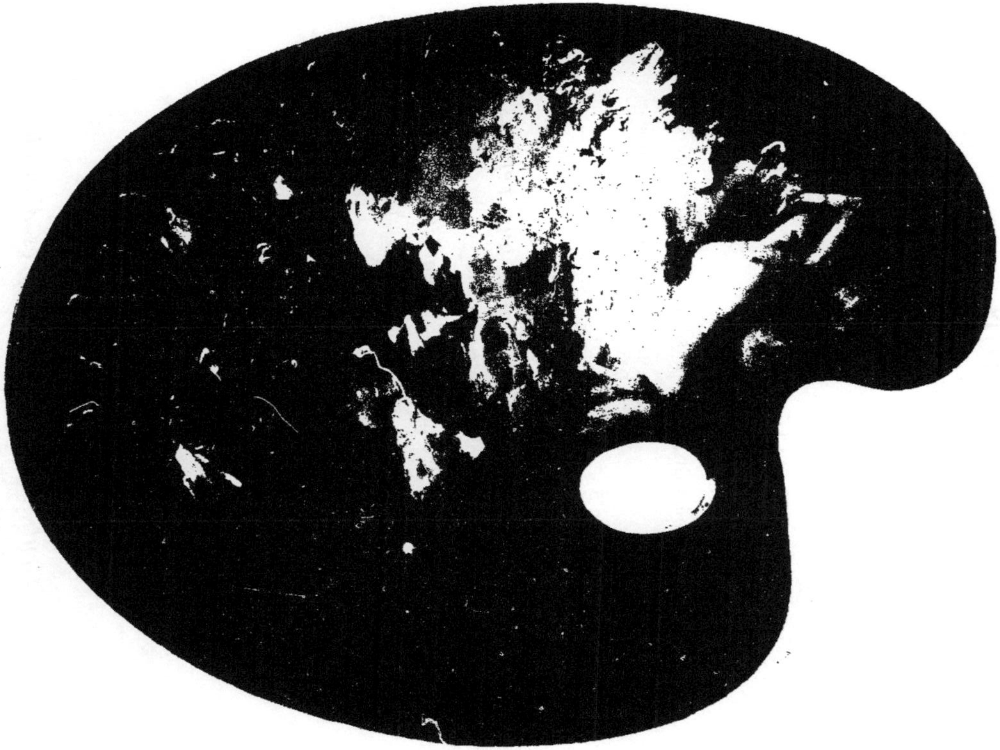

N° 17. — BOULANGER. *Un torse de jeune femme nue, renversée sur des coussins roses.*

BOUDIN

15 — Palette de l'artiste.

Signé à droite, en bas : *E. Boudin, 73.*

Palette. Haut., 24 cent.; larg., 34 cen

BOUGUEREAU

16 — Palette de l'artiste.

Signé à droite, en bas : *W. Bouguereau.*

Palette. Haut., 27 cent.; larg., 36 cent

BOULANGER

17 — *Un torse de jeune femme nue, renversée sur des coussins roses.*

Signé à droite, en bas: *G. Boulanger, 1873.*

Palette. Haut., 31 cent.; larg., 42 cent.

BRISSOT

18 — *Poules et moutons.*

Signé à gauche, en bas : *F. Brissot.*

Palette. Haut., 27 cent.; larg., 35 cent 1/2.

BROWN (John-Lewis)

19 — *Gentilhomme en rouge près d'un cheval blanc.*

Signé en travers, à droite : *John-Lewis Brown.*

Palette. Haut., 51 cent.; larg., 37 cent.

N° 20. — CARO DELVAILLE. *Jeune femme nue, vue de dos et tenant une draperie blanche.*

CARO-DELVAILLE

20 — *Jeune femme nue, vue de dos et tenant une draperie blanche.*

Signé à gauche, en bas : *Caro-Delvaille, 1911.*

Palette. Haut., 24 cent. 1/2; larg., 34 cent.

CHAPLIN

21 — *Profil de jeune femme dans un médaillon.*

Signé en bas : *Ch. Chaplin, 1874.*

Palette. Haut., 27 cent.; larg., 38 cent.

CHAPLIN

22 — *Un torse nu de jeune fille, vue de dos.*

Signé en bas : *Ch. Chaplin, 1883.*

Palette. Haut., 33 cent.; larg., 45 cent. 1/2.

CHARPIN

23 — *Bergère et son mouton.*

Signé à gauche, vers le bas.

Palette. Haut., 55 cent.; larg., 36 cent.

CHERET

24 — Palette de l'artiste.

Palette. Haut., 27 cent.; larg., 37 cent.

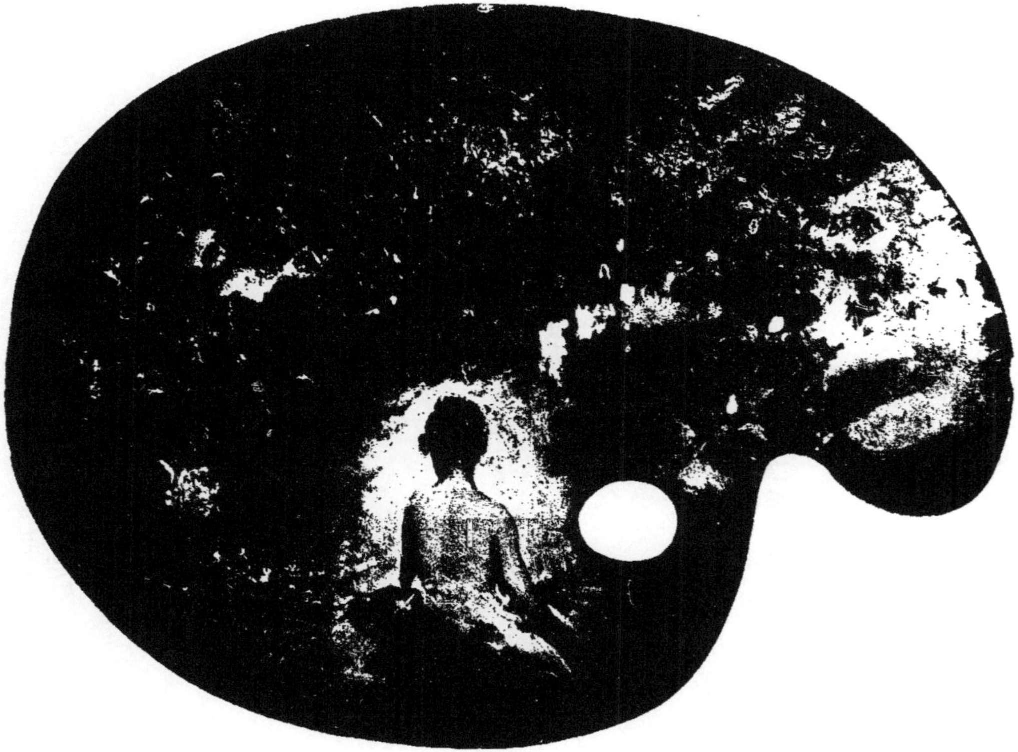

N° 22. — CHAPLIN. *Un torse nu de jeune fille, vue de dos.*

CLARY

25 — *Barques au bord d'une rivière.*

Signé à droite, en bas : *E. Clary.*

Palette. Haut., 27 cent.; larg., 36 cent.

CLAUDE (Eugène)

26 — *Des prunes.*

Signé à gauche, en bas : *Eug. Claude.*

Palette. Haut., 24 cent.; larg., 35 cent.

COMERRE (Léon)

27 — *Danseuse assise.*

Signé à gauche, en bas : *Léon Comerre.*

Palette. Haut., 30 cent. 1/2 ; larg., 45 cent.

COROT

28 — Palette de l'artiste.

Signé à gauche, en bas : *C. Corot.*

Palette. Haut., 24 cent. 1/2 ; larg., 36 cent.

COURBET

29 — *Une vague couverte d'écume battant le pied d'une falaise.*

Signé en bas : *Souvenir d'exil à mon ami Fuchs. G. Courbet.*

Palette. Haut., 36 cent.; larg., 66 cent.

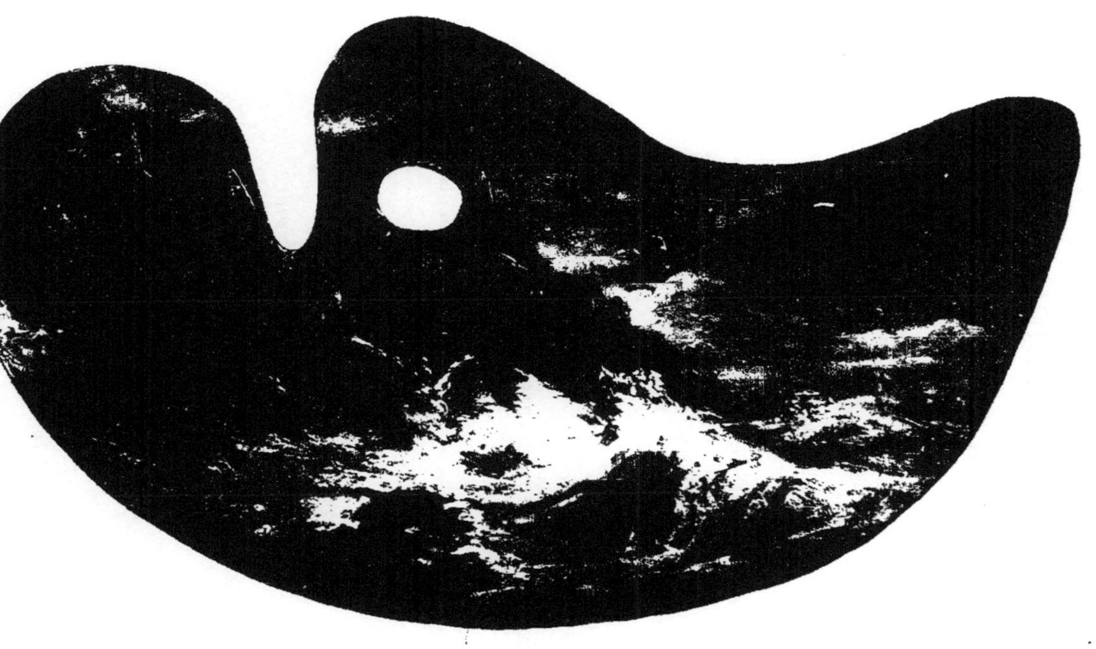

N° 29. — COURBET. *Une vague couverte d'écume battant le pied d'une falaise.*

DAUBIGNY

30 — Palette de l'artiste.

Signé en bas : ***Daubigny, 1873.***

Palette. Haut., 32 cent.; larg., 45 cent.

DAUMIER

31 — Palette de l'artiste.

Palette. Haut., 33 cent.; larg., 26 cent.

DELACROIX

32 — Palette de l'artiste.

A droite, un timbre de la vente de l'atelier.

Palette. Haut., 32 cent.; larg., 43 cent

DELPY

33 — *Lavandière au bord de la rivière.*

Signé à droite, en bas : *H.-C. Delpy.*

Palette. Haut., 27 cent; larg., 38 cent.

DELORT

34 — *Profil de femme en bonnet blanc.*

Signé en bas : *C. Delort.*

Palette. Haut., 32 cent.; larg., 58 cent.

DETAILLE (Éd.)

35 — *Torse de cuirassier, vu de dos.*

Signé à gauche, vers le bas : *Ed. Detaille, 1874.*

Palette. Haut., 29 cent.; larg., 42 cent.

DEVAMBEZ

36 — *Tête de personnage grimaçant.*

Signé en bas : *A. Devambez.*

Palette. Haut., 24 cent.; larg., 37 cent.

DIAZ (N.)

37 — Palette de l'artiste.

Signé à droite, en bas : *N. Diaz, 65.*

Palette. Haut., 25 cent.; larg., 36 cent.

DIDIER-POUGET

38 — *Les bruyères roses.*

Signé à droite, en haut.

Palette. Haut., 43 cent.; larg., 31 cent. 1/2.

DORÉ (Gustave)

39 — Palette de l'artiste.

Signé à droite, vers le haut : *G. Doré.*

Palette. Haut., 40 cent. 1/2; larg., 56 cent.

DUEZ

40 — *Fillette vue de dos et tenant une pelle.*

Signé au milieu, vers la droite : *Duez, 1882.*

Palette. Haut., 27 cent.; larg., 35 cent.

DUHEM (Henri)

41 — *Les meules.*

Signé en bas, vers la droite : *Henri Duhem.*

Palette. Haut., 24 cent. 1/2; larg., 32 cent 1/2.

DULUARD

42 — *Gentilhomme Louis XIII.*

Signé à droite, en bas : *Duluard.*

Palette. Haut., 50 cent.; larg., 37 cent.

DUPRÉ

43 — Palette de l'artiste.

Signé : *J. D.*

Palette. Haut., 27 cent; larg., 37 cent.

DUPRÉ (Henri)

44 — *Un dragon, vu de dos.*

Signé : *Dupré 1874.*

Palette. Haut., 27 cent.; larg., 37 cent. 1/2.

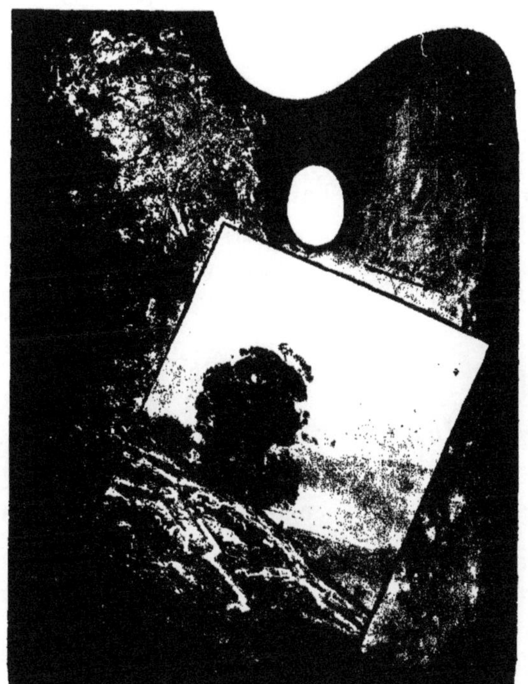

N° 38. — DIDIER-POUGET. *Les Bruyères roses.*

FLAMENG (F.)

45 — Palette de l'artiste.

Signé à droite, en bas : *F. F., 1903.*

Palette. Haut., 32 cent.; larg., 43 cent.

FANTIN-LATOUR

46 — Palette de l'artiste.

Signé à gauche, vers le bas : *Fantin.*

Palette. Haut., 29 cent. 1/2; larg., 41 cent.

FICHEL

47 — *Un amateur de tableaux.*

Signé : *E. Fichel, 1874.*

Palette. Haut., 35 cent.; larg., 39 cent.

FORAIN

48 — Palette de l'artiste.

Signé en bas : *Forain.*

Palette. Haut., 27 cent.; larg., 37 cent.

FRANÇAIS

49 — *De la couleur, des pâtes et, dans le coin, les deux petits godets à essence.*

Palette. Haut., 36 cent.; larg., 52 cent.

FRAPPA (José)

50 — *Un profil de cardinal.*

Signé à gauche, en bas : *José Frappa.*

Palette. Haut., 39 cent. ; larg., 58 cent.

FRÈRE (Édouard)

51 — *Gamin dans un effet de neige.*

Signé à droite, vers le milieu : *Ed. Frère, 75.*

Palette. Haut., 26 cent. ; larg., 34 cent.

FRIANT

52 — Palette de l'artiste.

Signé à droite, vers le bas : *E. Friant.*

Palette. Haut., 26 cent. ; larg., 40 cent.

FROMENTIN

53 — Palette de l'artiste.

Signé en bas : *Eug. Fromentin.*

Palette. Haut., 29 cent. ; larg., 41 cent.

GAGLIARDINI

54 — Palette de l'artiste.

Signé à droite, en bas.

Palette. Haut., 30 cent. ; larg., 37 cent.

GARRIDO

55 — *Le Pierrot.*

Signé à gauche, en haut : *E.-L. Garrido.*

Palette. Haut., 37 cent; larg., 27 cent.

GÉROME

56 — Palette de l'artiste.

Signé en bas : *J.-L. Gérôme 1875.*

Palette. Haut., 23 cent. ; larg., 33 cent.

GERVEX

57 — Palette de l'artiste.

Signé à droite, vers le bas : *H. Gervex, 1903.*

Palette. Haut., 37 cent.; larg., 62 cent.

GILBERT (Victor)

58 — *Une marchande de poissons.*

Signé à droite, en bas : *V. Gilbert.*

Palette. Haut., 30 cent. 1/2 ; larg., 40 cent.

GUILLAUMIN

59 — Palette de l'artiste.

Signé à gauche, vers le bas : *Guillaumin.*

Palette. Haut., 33 cent.; larg., 42 cent.

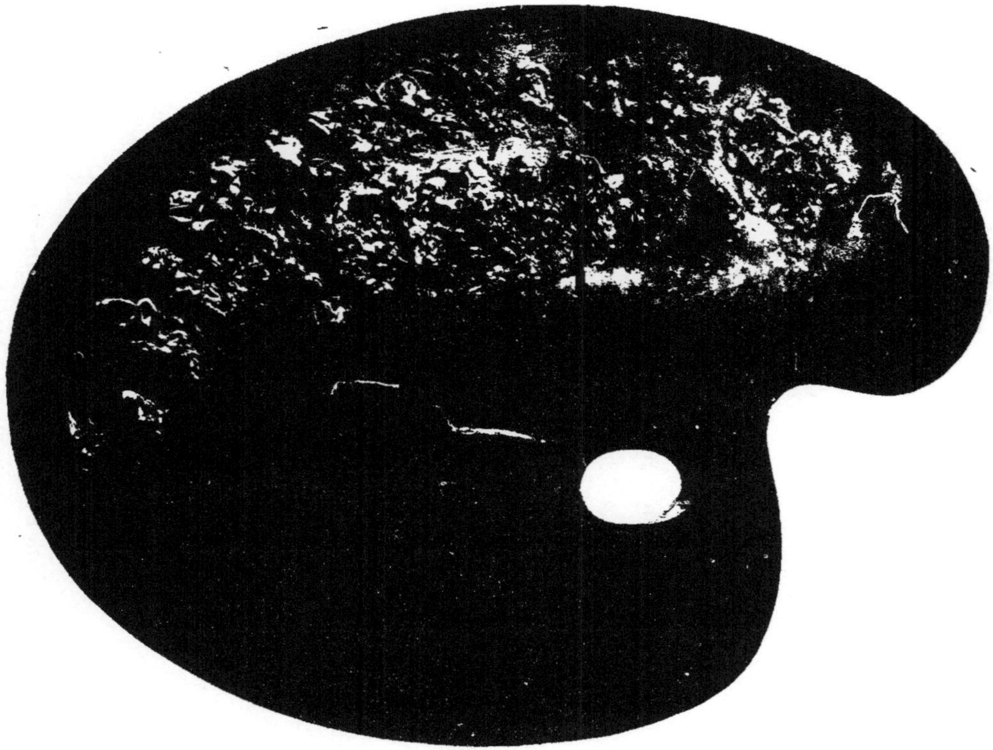

N° 63. — HÉBERT. *Un torse de femme nue, les bras relevés, les mains réunies derrière la tête.*

GUIRAND DE SCÉVOLA

60 — *Jeune femme blonde, souriante, dans un effet de lumière.*

Signé au milieu, en bas : *Guirand de Scévola, 1909.*

Palette. Haut., 43 cent.; larg., 65 cent.

HANRIOT

61 — *Jeune femme se mirant dans une source.*

Signé à droite, en bas : *Hanriot.*

Palette. Haut., 26 cent. 1/2 ; larg., 35 cent.

HARPIGNIES

62 — *Pêcheurs au bord d'un torrent.*

Signé à droite, en bas : *H. Harpignies. 78.*

Palette. Haut., 24 cent.; larg., 31 cent.

HÉBERT

63 — *Un torse de femme nue, les bras relevés, les mains réunies derrière la tête.*

Signé à gauche, en bas : *H. 1885.*

Palette. Haut., 32 cent.; larg., 43 cent.

HEILBUTH

64 — *Une Parisienne, coiffée d'un chapeau blanc et vue jusqu'à la taille.*

Signé vers la gauche, en bas, du monogramme : *F. H.*

Palette. Haut., 26 cent.; larg., 35 cent.

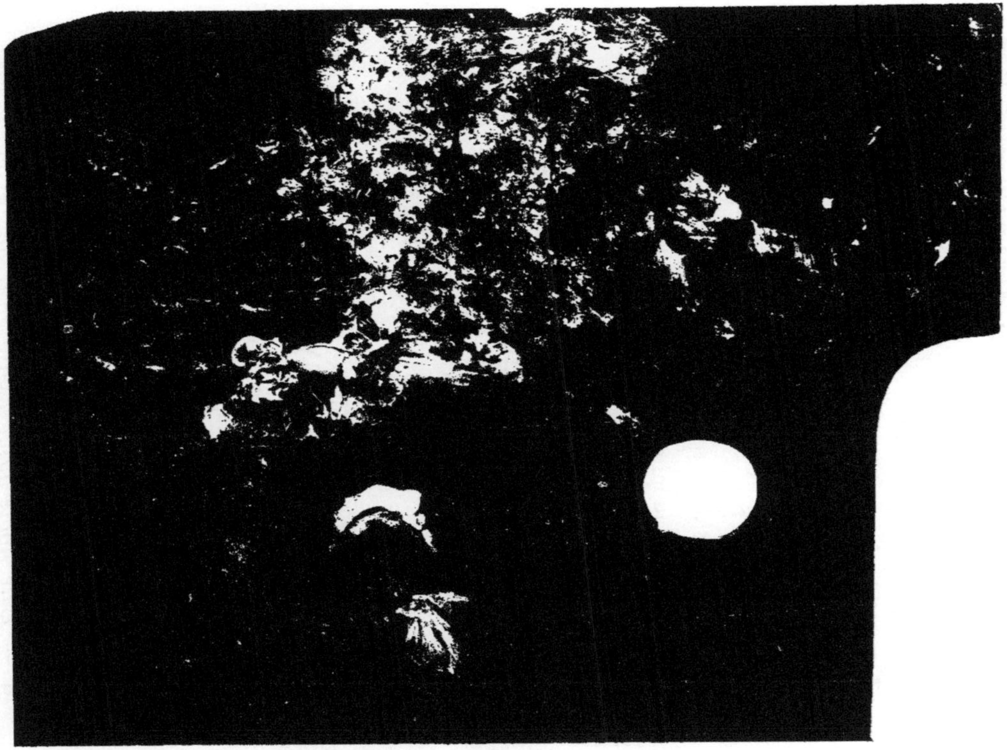

N° 64. — HEILBUTH. *Une Parisienne, coiffée d'un chapeau blanc et vue jusqu'à la taille.*

HELLEU

65 — Palette de l'artiste.

Signé à droite, vers le milieu.

Palette. Haut., 32 cent.; larg., 43 cent.

HENNER

66 — Palette de l'artiste.

Signé au milieu : *J.-J. Henner*.

Palette. Haut., 42 cent.; larg., 59 cent. 1/2.

INGRES

67 — Palette de l'artiste.

Palette. Haut., 24 cent.; larg., 32 cent.

ISABEY

68 — Palette de l'artiste.

Signé à gauche : *E. I. 66*.

Palette. Haut., 33 cent.; larg., 45 cent. 1/2.

ISABEY

69 — *Une noble dame assise dans un fauteuil.*

Signé : *E. I. 66*.

Palette. Haut., 37 cent.; larg., 54 cent.

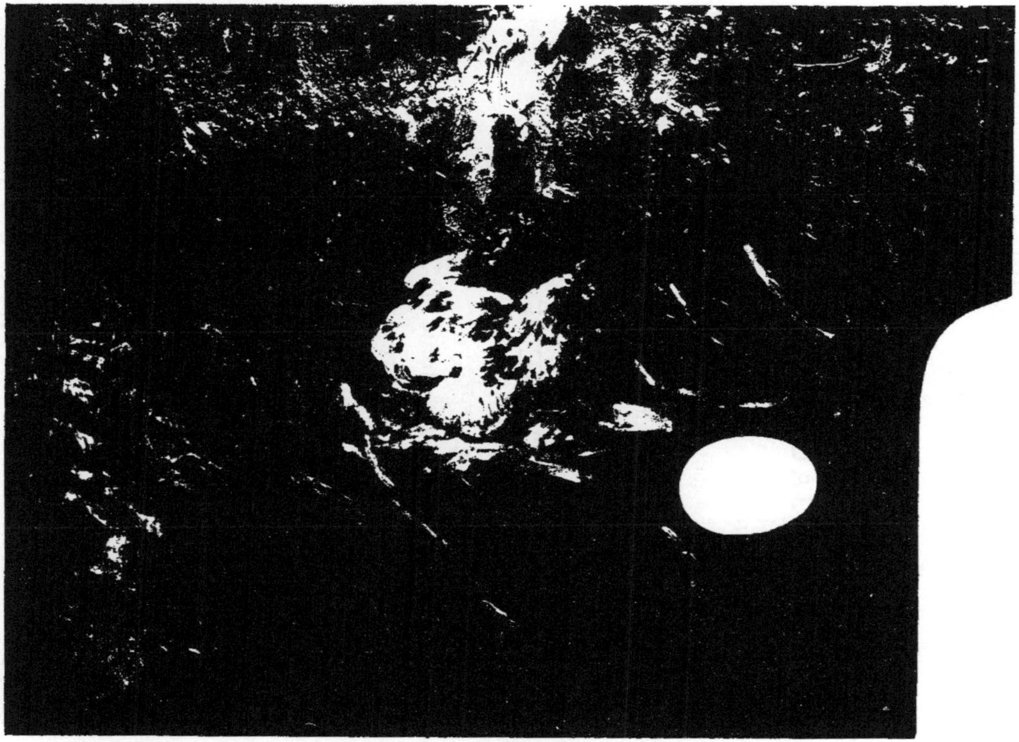

N° [illegible]. — Ch. JACQUE. *Une poule.*

ISRAELS (Josef)

70 — Palette de l'artiste.

Signé à gauche, vers le bas : *Josef Israels.*

Palette. Haut., 30 cent.; larg., 42 cent. 1/2.

JACQUE (Ch.)

71 — *Une poule.*

Signé à gauche, en bas : *1868, Paris.* Redaté *1877*, avec cette inscription : *Pas encore mort en 1877. Ætatis suæ, 64.*

Palette. Haut., 27 cent.; larg., 37 cent.

JACQUE (E.)

72 — *Une tête de cheval.*

Signé au milieu, à droite : *E. Jacque.*

Palette. Haut., 27 cent.; larg., 37 cent.

JACQUET

73 — *Tête de jeune femme.*

Avec cette dédicace : *A Georges Beuniet, souvenir amical. G. Jacquet, Janvier 1892.*

Palette. Haut., 36 cent.; larg., 52 cent.

JONGKIND

74 — Palette de l'artiste.

Daté en bas : *1868.*

Palette. Haut., 26 cent.; larg., 38 cent.

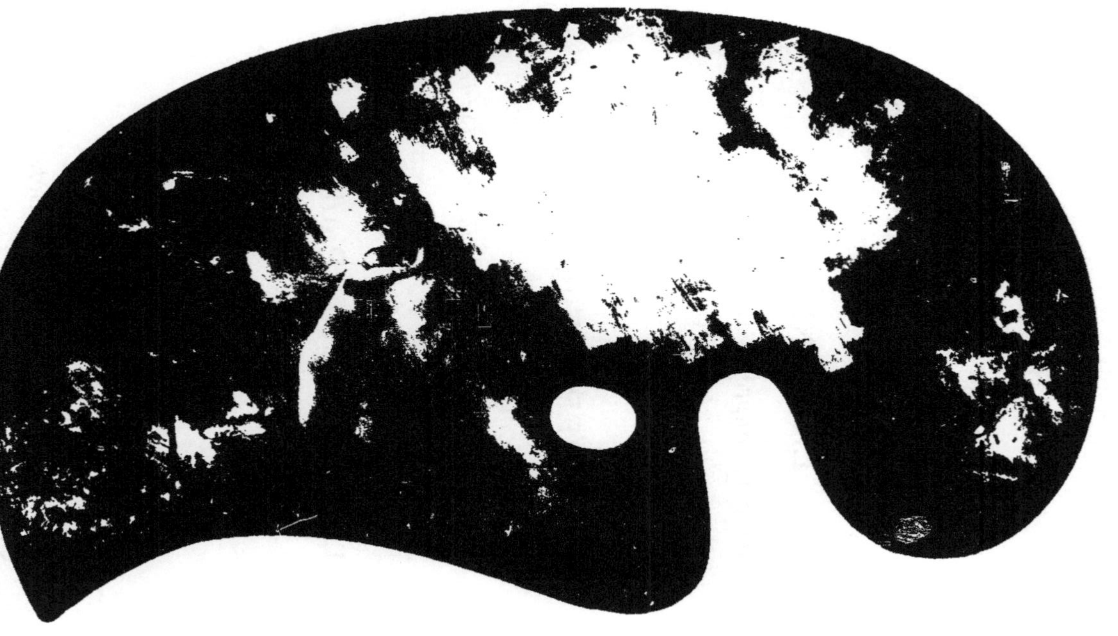

N° 82. — LEFEBVRE. *Nymphes entrant dans la source.*

JOURDAIN

75 — *Une jeune femme assise dans l'herbe.*

Signé à gauche, en bas : *Roger Jourdain, 1880.*

Palette. Haut., 27 cent.; larg., 31 cent.

LAMBINET

76 — *Une ferme auprès d'un châtaignier.*

Signé en bas : *Lambinet.*

Palette. Haut., 24 cent. 1/2; larg., 34 cent.

LAMBERT (Eugène)

77 — *Une famille de chats.*

Signé à droite, en bas : *Eug. Lambert, 1876.*

Palette. Haut., 31 cent.; larg., 43 cent.

LAURENS (Jean-Paul)

78 — Palette de l'artiste.

Signé à gauche, en bas : *J.-P. Laurens.*

Palette. Haut., 36 cent.; larg., 48 cent.

LÉANDRE

79 — *Une tête de Père Éternel en relief.*

Signé à gauche, en bas : *C. Léandre.*

Palette. Haut., 32 cent.; larg., 41 cent. 1/2.

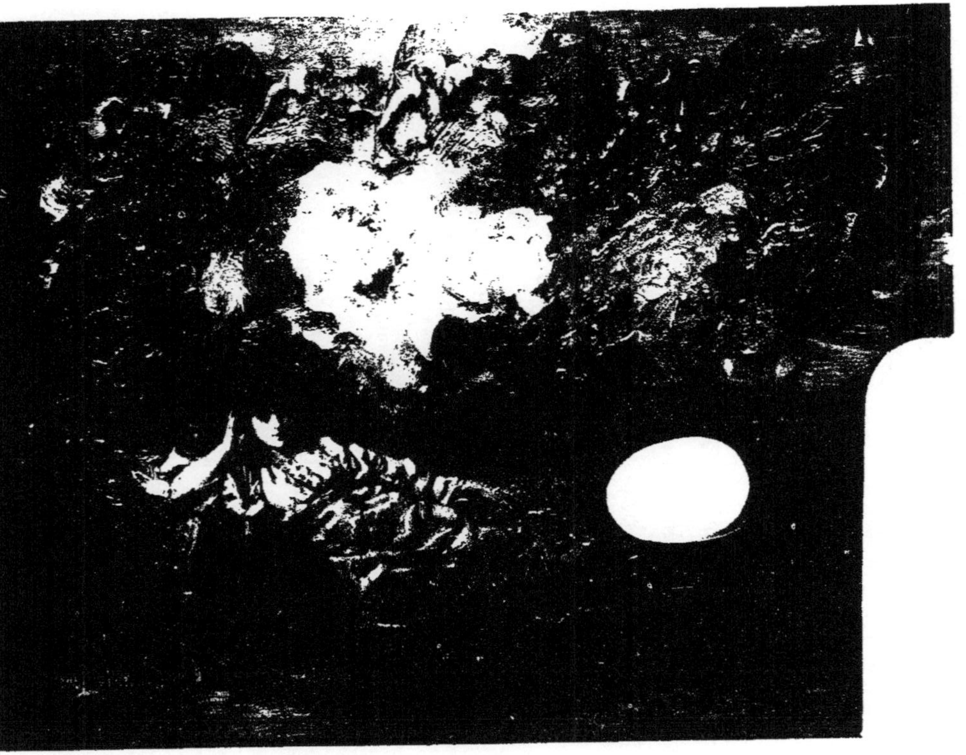

N° 85. — Louis LELOIR. *Jeune femme couchée sur un sofa.*

LEBLANT

80 — *Le Buveur de chope.*

Signé à gauche, en bas : *L. B., 85.*

Palette. Haut., 32 cent. ; larg., 45 cent. 1/2.

LEBOURG

81 — *La Seine à Rouen.*

Signé à droite, en bas : *A. Lebourg.*

Palette. Haut., 29 cent. ; larg., 37 cent.

LEFEBVRE (J.)

82 — *Nymphes entrant dans la source.*

Signé à droite, vers le bas : *Jules Lefebvre, mars 1878.*

Palette. Haut., 33 cent. ; larg., 61 cent.

LELOIR (Louis)

83 — *Jeune femme couchée sur un sofa.*

Signé à gauche, en bas : *Louis Leloir.*

Palette. Haut., 24 cent. ; larg., 32 cent.

LELOIR (Maurice)

84 — *Le vieux buveur endormi, le dos appuyé contre un tonneau.*

Signé à droite, vers le milieu : *Maurice Leloir, 1880.*

Palette. Haut., 25 cent. ; larg., 34 cent.

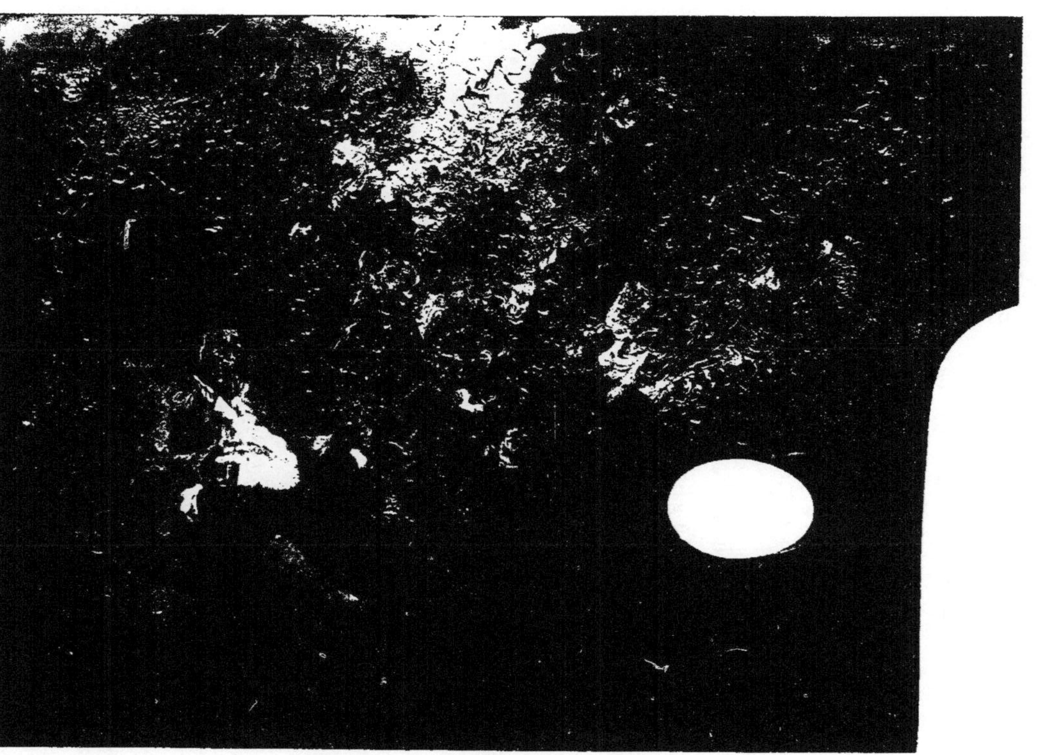

N° 84. MAURICE LELOIR. *Un vieux buveur endormi, le dos appuyé contre un tonneau.*

LEMAIRE (Madeleine)

85 — *Des roses.*

Signé en bas : *Madeleine Lemaire, 77.*

Palette. Haut., 30 cent. 1/2 ; larg., 42 cent.

LE SIDANER

86 — Palette de l'artiste.

Signé à gauche, vers le bas : *Le Sidaner.*

Palette. Haut., 28 cent.; larg., 37 cent.

LHERMITTE

87 — *Une glaneuse.*

Signé à droite, en bas : *L. Lh., 93.*

Palette. Haut., 27 cent.; larg., 37 cent.

LOUSTAUNEAU

88 — *Spahi assis près d'un guéridon de cabaret.*

Signé au milieu, vers la gauche : *A. Loustauneau, 1890.*

Palette. Haut., 38 cent.; larg., 53 cent. 1/2.

LUMINAIS

89 — *Tête de Gaulois.*

Signé à gauche, en bas : *E. Luminais, 1874.*

Palette. Haut., 27 cent.; larg., 37 cent.

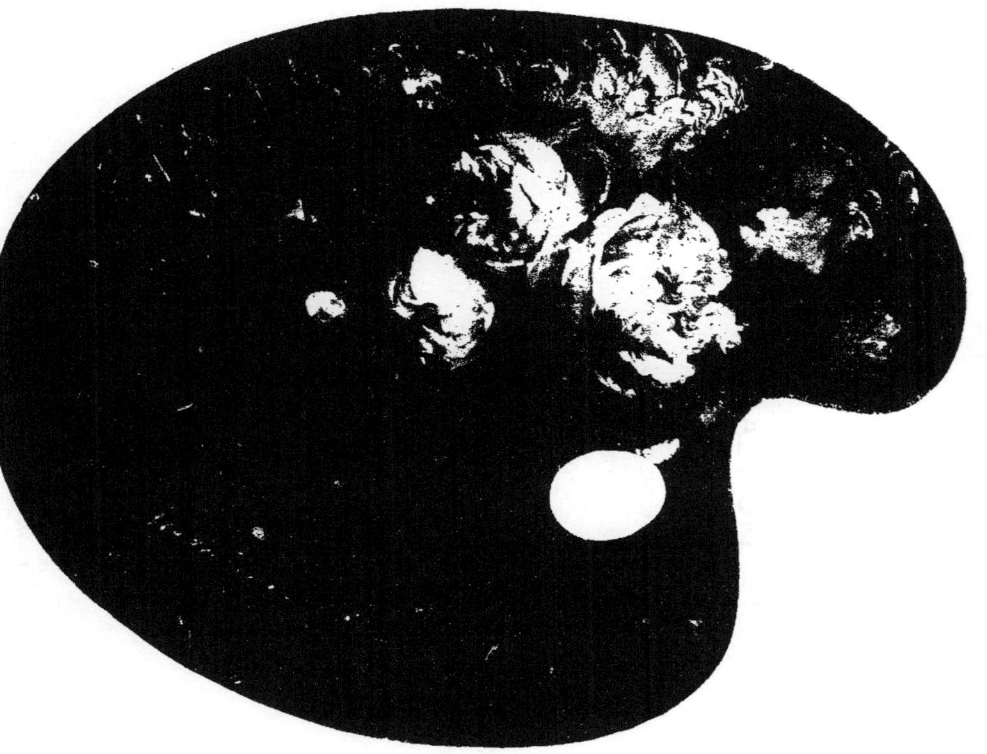

N° 85. — Madeleine LEMAIRE. *Des roses*

MITA

90 — *Les toits de chaume.*

Signé à droite, en bas : *Mita.*

Palette. Haut., 29 cent.; larg., 37 cent.

MOREAU-NÉLATON

91 — Palette de l'artiste.

Signé au milieu : *E. Moreau-Nélaton.*

Palette. Haut., 27 cent.; larg., 35 cent. 1/2.

MORLOT

92 — *Paysage fleuri.*

Signé à droite, en bas : *Morlot.*

Palette. Haut., 27 cent.; larg., 39 cent.

MUNKACSY

93 — Palette de l'artiste.

Palette. Haut., 43 cent.; larg., 63 cent.

NEUVILLE (De)

94 — *Un mobile renversé contre un mur en ruine et tenant encore son fusil.*

Signé à droite : *A. de Neuville, 1875.*

Palette. Haut., 28 cent. 1/2 ; larg., 41 cent.

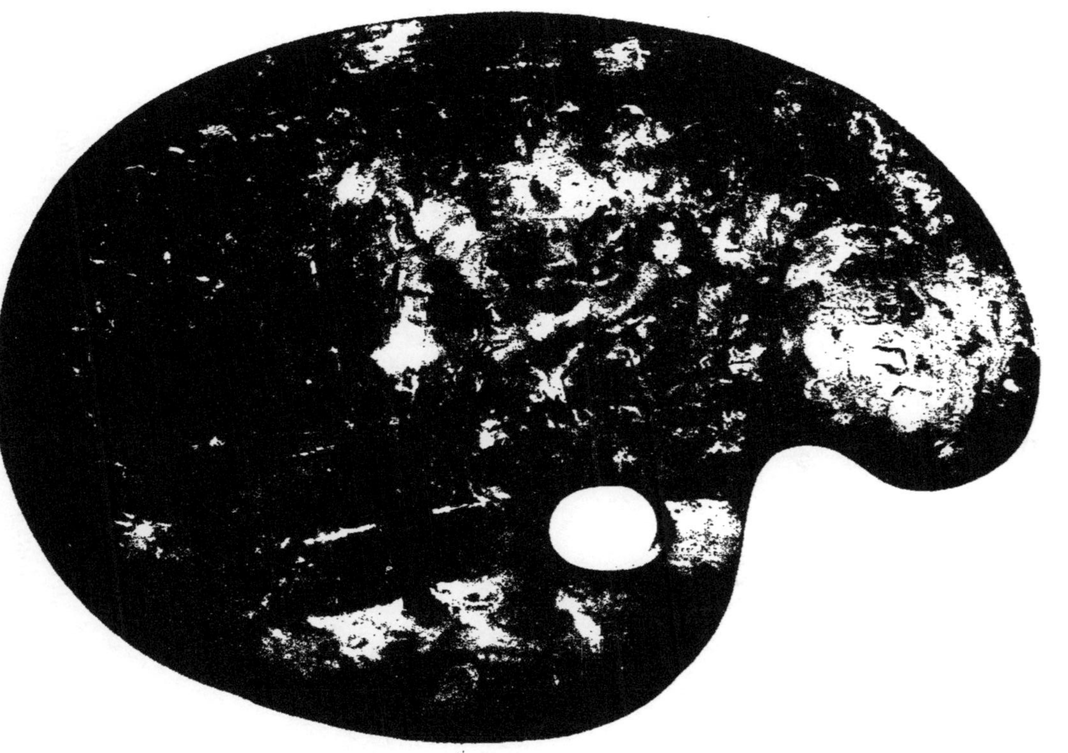

N° 94. — **A. DE NEUVILLE.** *Un mobile renversé contre un mur en ruine et tenant encore son fusil.*

PASINI

95 — Palette de l'artiste.

Signé vers le milieu : *A. Pasini. 1877.*

Palette. Haut., 24 cent.; larg., 34 cent.

PENNE (O. de)

96 — *Trois chiens.*

Signé à droite, en bas : *O.-L. de Penne, 1885.*

Palette. Haut., 32 cent.; larg., 43 cent.

PICABIA

97 — Palette de l'artiste.

Signé à droite, en bas : *Picabia. 1903.*

Palette. Haut., 24 cent. 1/2 ; larg., 36 cent. 1/2.

PISSARRO

98 — Palette de l'artiste.

Signé à droite, vers le haut : *C. Pissarro.*

Palette. Haut., 29 cent.; larg., 41 cent.

PLASSAN

99 — *Jeune femme endormie sur une chaise longue.*

Signé à droite, en bas : *Plassan. 1874.*

Palette. Haut., 31 cent.; larg., 43 cent.

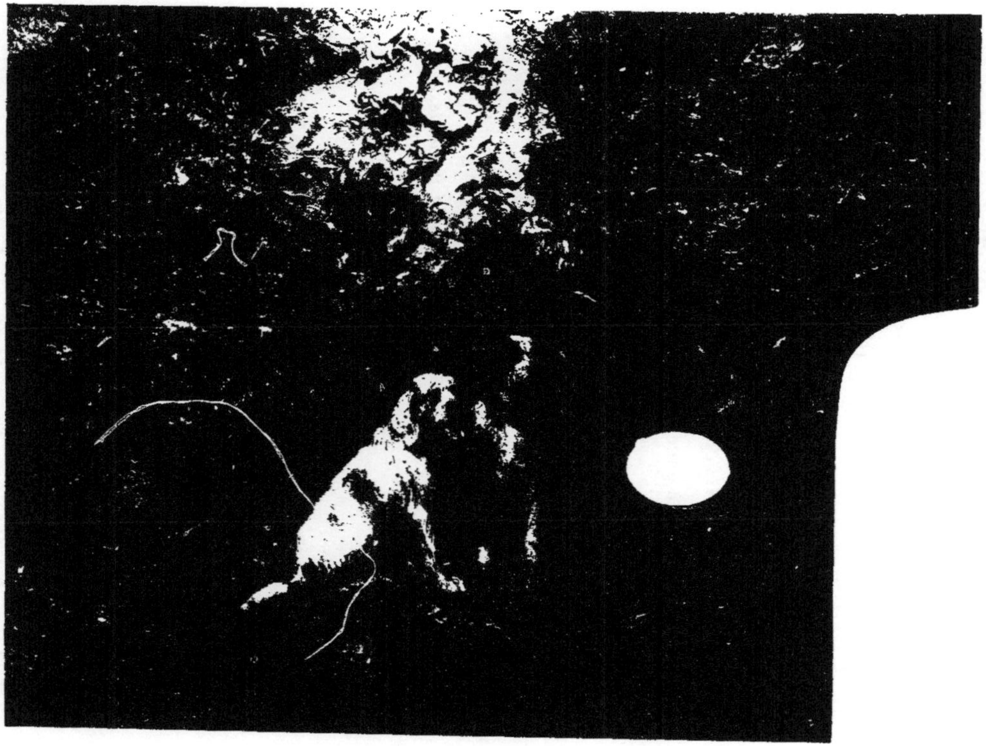

N° 96. — O. DE PENNE. *Trois chiens.*

POINT (Armand)

100 — *Un turco.*

Signé à droite, en bas : *A. Point*

Palette. Haut., 30 cent.; larg., 23 cent.

PROTAIS

101 — *Un voltigeur, l'arme au pied.*

Signé à gauche, vers le bas : *Protais.*

Palette. Haut., 33 cent.; larg., 47 cent.

PUVIS DE CHAVANNES

102 — Palette de l'artiste.

Signé au milieu : *P. Puvis de Chavannes. 1889.*

Palette. Haut., 41 cent.; larg., 58 cent.

RAFFAELLI

103 — Palette de l'artiste.

Signé à droite, en bas : *J.-F. Raffaelli, juillet 99.*

Palette. Haut., 27 cent.; larg., 36 cent. 1/2.

RIBÉRA

104 — *Femme nue couchée et vue de dos.*

Signé vers la droite, en bas : *P. Ribéra.*

Palette. Haut., 29 cent. 1/2; larg., 26 cent.

RICARD

105 — Palette de l'artiste.

Signé au milieu : *G. R.*

Palette. Haut., 34 cent.; larg., 15 cent.

ROBERT-FLEURY

106 — *Une tête de vieux gondolier.*

Palette. Haut., 38 cent.; larg., 19 cent. 1/2.

ROUSSEAU (Th.)

107 — Palette de l'artiste.

Signé à gauche, en travers : *Th. R.*

Palette. Haut., 27 cent.; larg., 37 cent.

ROYBET

108 — *Un profil de reître.*

Signé en bas : *F. Roybet.*

Palette. Haut., 34 cent.; larg., 50 cent.

SCHOTT (Max)

109 — *Tête de femme blonde.*

Signé au milieu, en bas : *Max Schoot. 1904.*

Palette. Haut., 26 cent.; larg., 37 cent.

SIMONS (Paul)

110 — *En Camargue.*

Signé à gauche, en bas : *P. Simons.*

Palette. Haut., 26 cent. 1/2 ; larg., 37 cent. 1/2.

STEVENS

111 — *Jeune femme lisant.*

Signé à droite, en bas : *Alfred Stevens.*

Palette. Haut., 39 cent. ; larg., 51 cent.

TEN CATE

112 — *Moulins au bord d'un canal.*

Signé à droite, vers le milieu : *Ten-Cate.*

Palette. Haut., 24 cent. ; larg., 35 cent.

THAULOW

113 — Palette de l'artiste.

Palette. Haut., 32 cent. ; larg., 43 cent.

TOUDOUZE

114 — Palette de l'artiste.

Signé à gauche, en bas : *E. Toudouze.*

Palette. Haut., 41 cent. ; larg., 65 cent.

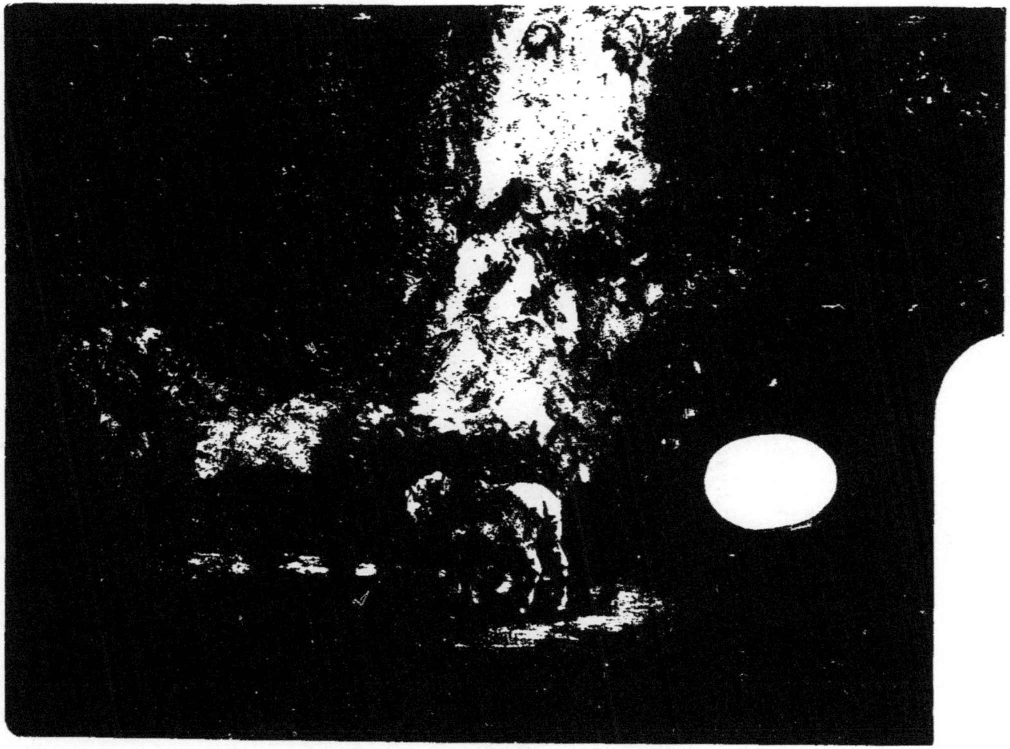

N° 11, VEYRASSAT. *Une charrette de blé et deux chevaux*

VAYSON

115 — *Une truie.*

Signé en bas, au milieu : *Vayson.*

Palette. Haut., 27 cent. 1/2 ; larg., 48 cent.

VERNIER (Émile)

116 — *Les Bateaux de pêche.*

Signé à droite, en bas : *Émile Vernier.*

Palette. Haut., 27 cent. ; larg., 37 cent.

VEYRASSAT

117 — *Une charrette de blé et deux chevaux.*

Signé à gauche, en bas : *J. Veyrassat, 68.*

Palette. Haut., 26 cent. 1/2 ; larg., 37 cent.

VIBERT

118 — *Un cardinal vu de dos.*

Signé à droite, et de travers : *J.-G. Vibert, 1873.*

Palette. Haut., 33 cent. ; larg., 37 cent.

VILA Y PRADÈS

119 — Palette de l'artiste.

Signé à droite : *1907.*

Palette. Haut., 36 cent. ; larg., 55 cent.

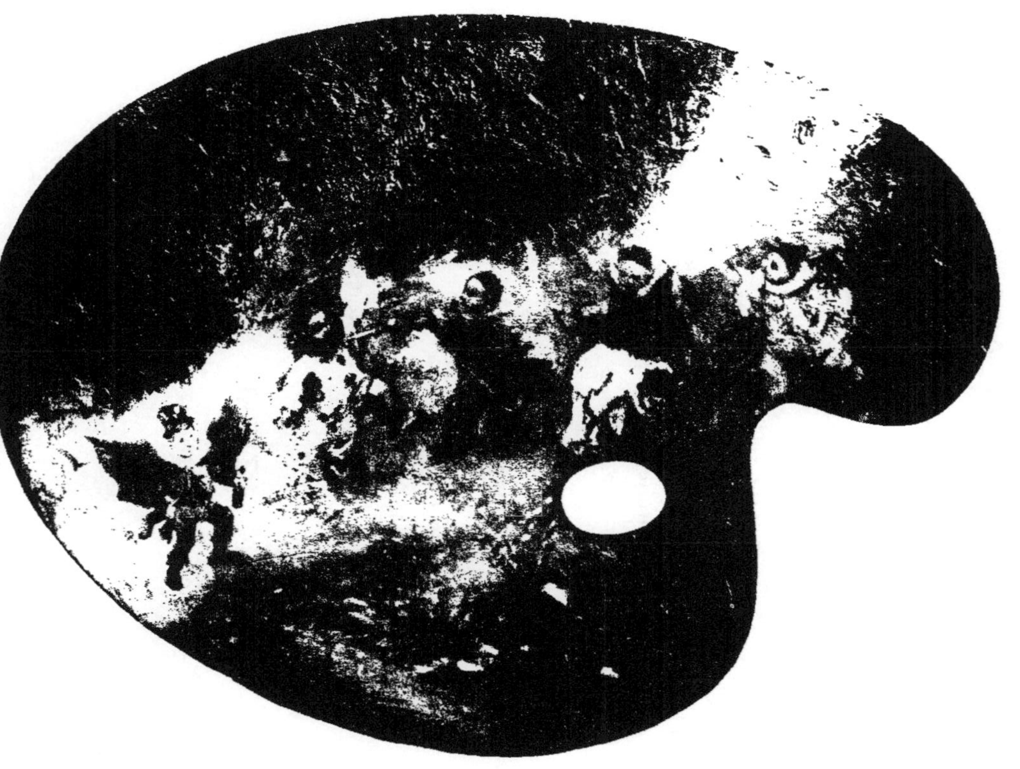

N° 121. A. WILLETTE. *Un duel de pierrots.*

VOLLON (A.)

120 — *Une aiguière et des fruits.*

Signé à droite, en bas : *A. Vollon, 1888.*

Palette. Haut., 27 cent.; larg., 34 cent.

WILLETTE (A.)

121 — *Un duel de pierrots.*

Signé à droite, en bas : *A. Willette.*

Palette. Haut., 33 cent.; larg., 45 cent.

YON (E.)

122 — *Bords de rivière.*

Signé en bas, vers la droite.

Palette. Haut., 25 cent.; larg., 40 cent.

ZIEM

123 — Palette de l'artiste.

Palette. Haut., 33 cent.; larg., 42 cent.

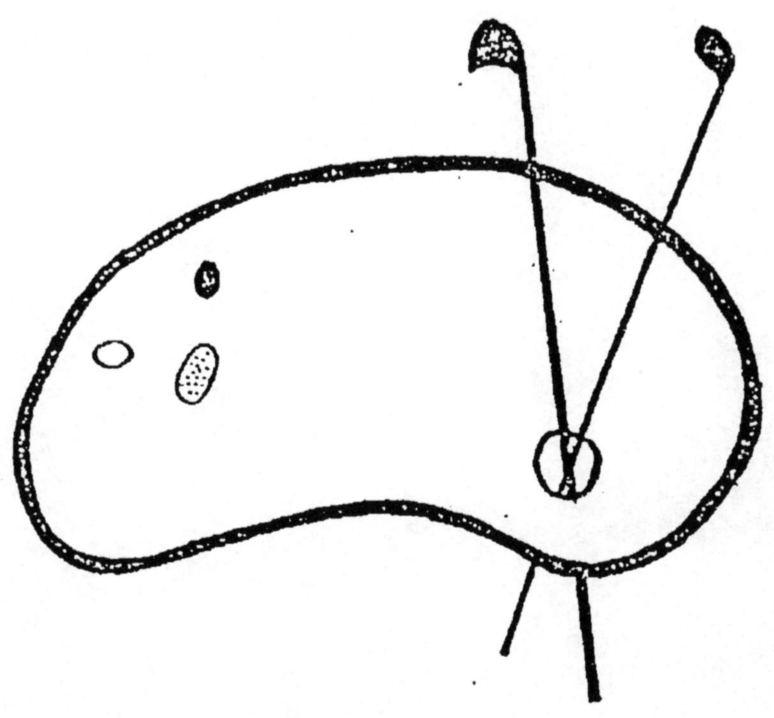

RED. :

20

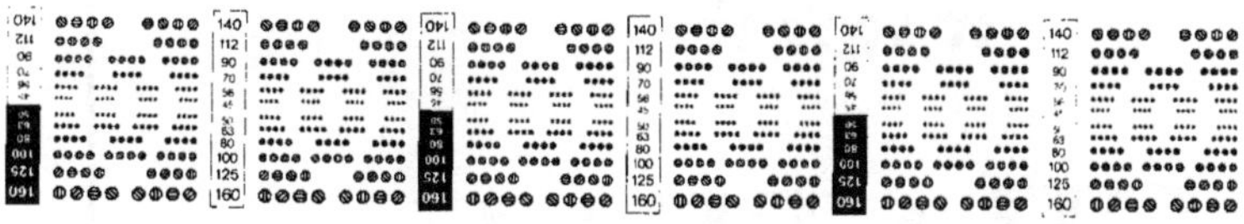

3798970
graphicom

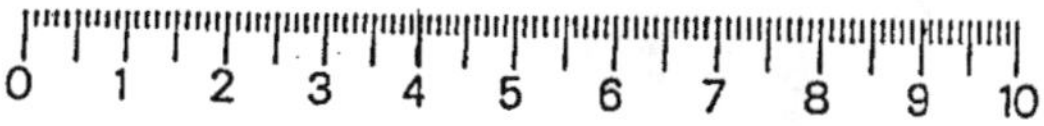

MIRE ISO N° 1
NF Z 43-007
AFNOR
Cedex 7 - 92080 PARIS-LA-DEFENSE

www.ingramcontent.com/pod-product-compliance
Ingram Content Group UK Ltd.
Pitfield, Milton Keynes, MK11 3LW, UK
UKHW020428180726
13839UKWH00003B/1403

9 782329 507941